Organização
Ana Paula Bürger

2.000 ADESIVOS COLORIDOS PARA PROFESSORES

Lafonte

Brasil – 2023

Título 2000 ADESIVOS COLORIDOS PARA PROFESSORES

Direção Editorial Ethel Santaella
Realização BeContent Estúdio de Comunicação
Coordenação Editorial Ana Paula Bürger
Revisão Marcela Pereira Fregonezi
Diagramação Claudia Marianno
Ilustrações Shutterstock

Dados Internacionais de Catalogação na Publicação (CIP)
(Câmara Brasileira do Livro, SP, Brasil)

Bürger, Ana Paula
2.000 adesivos coloridos para professores / Ana Paula Bürger. -- São Paulo : Lafonte, 2019.

ISBN 978-85-8186-419-8

1. Adesivos 2. Aprendizagem 3. Atividades e exercícios 4. Atividades lúdicas 5. Brincadeiras 6. Datas comemorativas 7. Educação de crianças 8. Jogos educativos I. Título.

19-31233 CDD-371.397

Índices para catálogo sistemático:

1. Atividades lúdicas : Brincadeiras e jogos : Educação 371.397

Cibele Maria Dias - Bibliotecária - CRB-8/9427

Editora Lafonte
Av. Profª Ida Kolb, 551, Casa Verde, CEP 02518-000,
São Paulo-SP, Brasil - Tel.: (+55) 11 3855-2100,
Atendimento ao leitor (+55) 11 3855-2216 / 11 3855-2213 – atendimento@editoralafonte.com.br
Venda de livros avulsos (+55) 11 3855-2216 – vendas@editoralafonte.com.br
Venda de livros no atacado (+55) 11 3855-2275 – atacado@escala.com.br

Apresentação

As datas comemorativas ajudam a criança a encontrar sentido e significado para as informações que recebe nos lugares que frequenta, por meios de comunicação, familiares e outros. Com elas, o professor pode abordar aspectos de nossa cultura e história, aproximando a criança de conhecimentos que, mais tarde, poderão ser sistematizados e aprofundados, quando do estudo dos períodos históricos a que se referem.

As atividades com o tema de datas comemorativas também são uma maneira de aplicar o conhecimento de mundo da criança e fazer com que ela compreenda a realidade na qual está inserida, desenvolvendo seu espírito crítico e a cidadania, além de proporcionar uma integração entre a escola e a comunidade.

Para alcançar esses objetivos, é importante que você, professor, planeje aulas significativas por meio de temas atuais e, sempre que possível, integre essas atividades em suas atividades didáticas, ajudando os alunos a estabelecerem relações entre os conceitos e sua vida cotidiana.

O conteúdo deste livro serve como um apoio multidisciplinar. Oferecemos sugestões de atividades lúdicas com as quais é possível explorar e ampliar o material oferecido em sala de aula e enriquecer o aprendizado.

Além disso, mais de 2 mil adesivos com palavras e frases motivacionais estão à sua disposição para serem usados nas avaliações dos alunos diariamente, buscando sempre estimulá-los a crescer e melhorar, além de desenvolver a autoestima em cada um deles.

Dia Mundial da Paz (1º/1)

No dia 1º de janeiro é comemorado o Dia Mundial da Paz. Aproveite a data para estimular nos alunos o sentimento da empatia e da esperança.

- ★ Distribua folhas com o desenho abaixo numerado de 1 a 35.
- ★ Peça para que cada aluno complete o desenho seguindo a ordem numérica crescente e, depois, responda às perguntas.

Qual é o símbolo da paz que você acabou de descobrir? ______________________

Escreva uma mensagem para desejar paz a todas as pessoas: ____________________

____

____

____

Carnaval

A festa popular mais famosa do Brasil pode ser usada em sala de aula como tema de uma atividade de artes para explorar a criatividade.

★ Distribua moldes de máscaras para os alunos e peça que cada um personalize a sua como quiser. Deixe à disposição deles lantejoulas, gliter, cola colorida, botões, plumas e outros materiais para adornar a máscara.

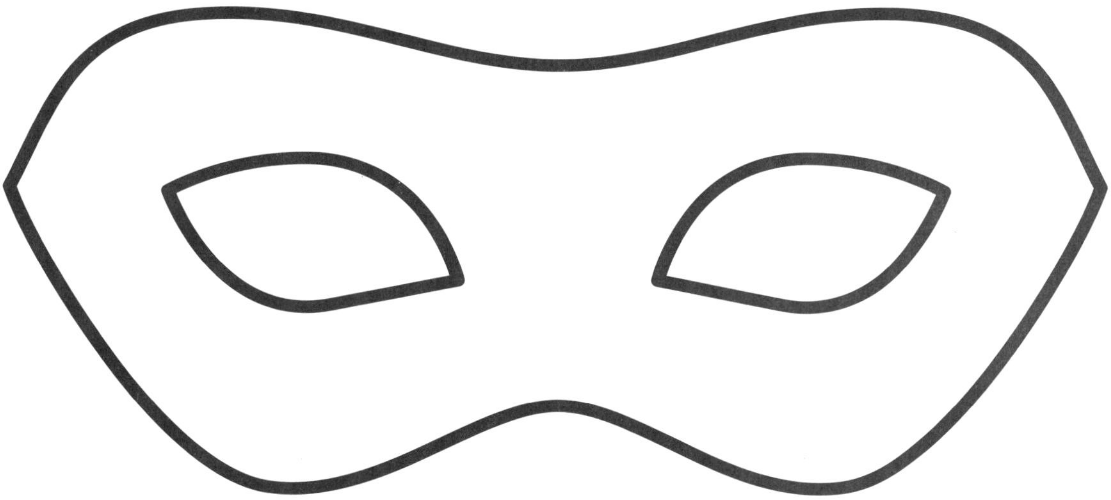

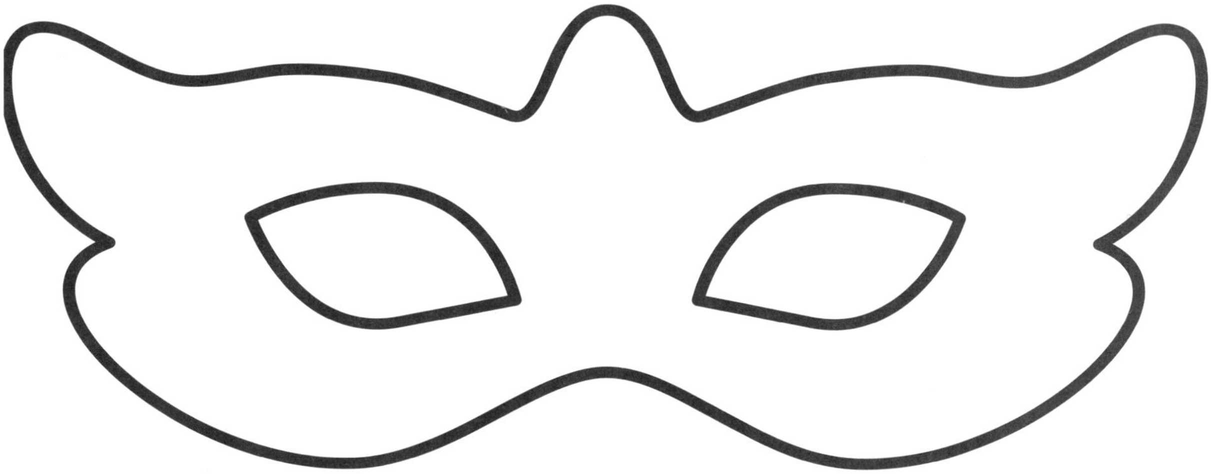

Dia Internacional da Mulher (8/3)

Para celebrar a data, explique como essa comemoração nasceu e qual sua relevância para a sociedade

★ Sugira que os alunos escrevam uma mensagem para uma mulher especial em sua vida, começando cada nova frase com as letras da palavra MULHER.

M ______________________________

U ______________________________

L ______________________________

H ______________________________

E ______________________________

R ______________________________

Início do outono (20/3)

O começo do outono é celebrado no dia 20 de março. Aproveite a estação das folhas e frutas e use esses elementos nas atividades.

- ★ Usando o desenho de folhas de árvores, coloque continhas dentro de cada uma para que os alunos resolvam.
- ★ Como apoio, você pode até trazer para a sala sementes e folhas, para servir como um ábaco e auxiliá-los na matemática.

$$\begin{array}{r} 5 \\ +\ 5 \\ \hline \end{array} \qquad \begin{array}{r} 6 \\ -\ 3 \\ \hline \end{array} \qquad \begin{array}{r} 1 \\ +\ 4 \\ \hline \end{array}$$

$$\begin{array}{r} 7 \\ -\ 5 \\ \hline \end{array} \qquad \begin{array}{r} 8 \\ +\ 2 \\ \hline \end{array} \qquad \begin{array}{r} 10 \\ -\ 4 \\ \hline \end{array}$$

Dia Internacional da Luta Contra a Discriminação Racial (21/3)

No dia 21 de março, comemora-se o Dia Internacional da Luta Contra a Discriminação Racial. Prepare com os alunos um ato pelo fim da discriminação.

- ★ Entregue uma folha de papel para cada aluno. Peça que eles escrevam o que esperam que as pessoas respeitem no seu jeito de ser e de viver.
- ★ Cole todas as folhas na parede e leia todas as respostas com os alunos.

DISCRIMINAR É PRATICAR ATOS DE HUMILHAÇÃO CONTRA ALGUÉM QUE NÃO É PARECIDO COM VOCÊ.

VIVA AS DIFERENÇAS!

AS PESSOAS SÃO DIFERENTES E DEVEM SER RESPEITADAS.

SE ALGUÉM TRATA MAL UMA PESSOA PORQUE ELA É DIFERENTE, ELA ESTÁ DISCRIMINANDO A PESSOA.

Dia Mundial da Água (22/3)

A água é um bem precioso e essencial à vida. Para aumentar a consciência sobre a importância dela, proponha uma atividade divertida para analisar as propriedades da água.

- ★ Com os alunos, pegue um copo de água. Então, peça para que cada um analise o líquido e responda às seguintes perguntas:

a) Qual é a cor da água? ______ . Então ela é INCOLOR.

b) Qual é o cheiro da água? ______ . Então ela é INODORA.

c) Qual é o sabor da água? ______ . Então ela é INSÍPIDA.

Faça uma lista de coisas que você faz com água:

____

____

____

____

____

____

____

____

Dia do Circo (27/3)

Hoje tem palhaçada? Tem, sim, senhor! O Dia do Circo é em homenagem ao famoso palhaço Piolim. Use a data para uma atividade de artes colorida e animada.

★ Distribua um molde de máscara de palhaço para os alunos pintarem, recortarem e se divertirem!

Páscoa

Aproveite que a Páscoa é uma festa religiosa, celebrada 47 dias depois do Carnaval, e explique aos alunos as diferenças entre as crenças e a importância em respeitar cada uma delas.

- ★ Explique um pouco sobre a Páscoa e, depois, peça para que cada aluno conte como a data é celebrada em suas respectivas famílias.
- ★ Depois, faça um jogo da memória com eles.

Dia do Índio (19/4)

Os índios foram os primeiros habitantes do Brasil e devem ser homenageados nessa data, embora devam ser lembrados sempre.

- ★ Conte um pouco sobre os índios, sua história, seus costumes e onde vivem hoje em dia.
- ★ Depois, peça que os alunos escrevam uma mensagem aos povos indígenas.

Dia da chegada dos portugueses ao Brasil (22/4)

Foi no dia 22 de abril que navegadores portugueses chegaram às terras que hoje formam o Brasil. Nessa data, comemore com os alunos contando um pouco da história.

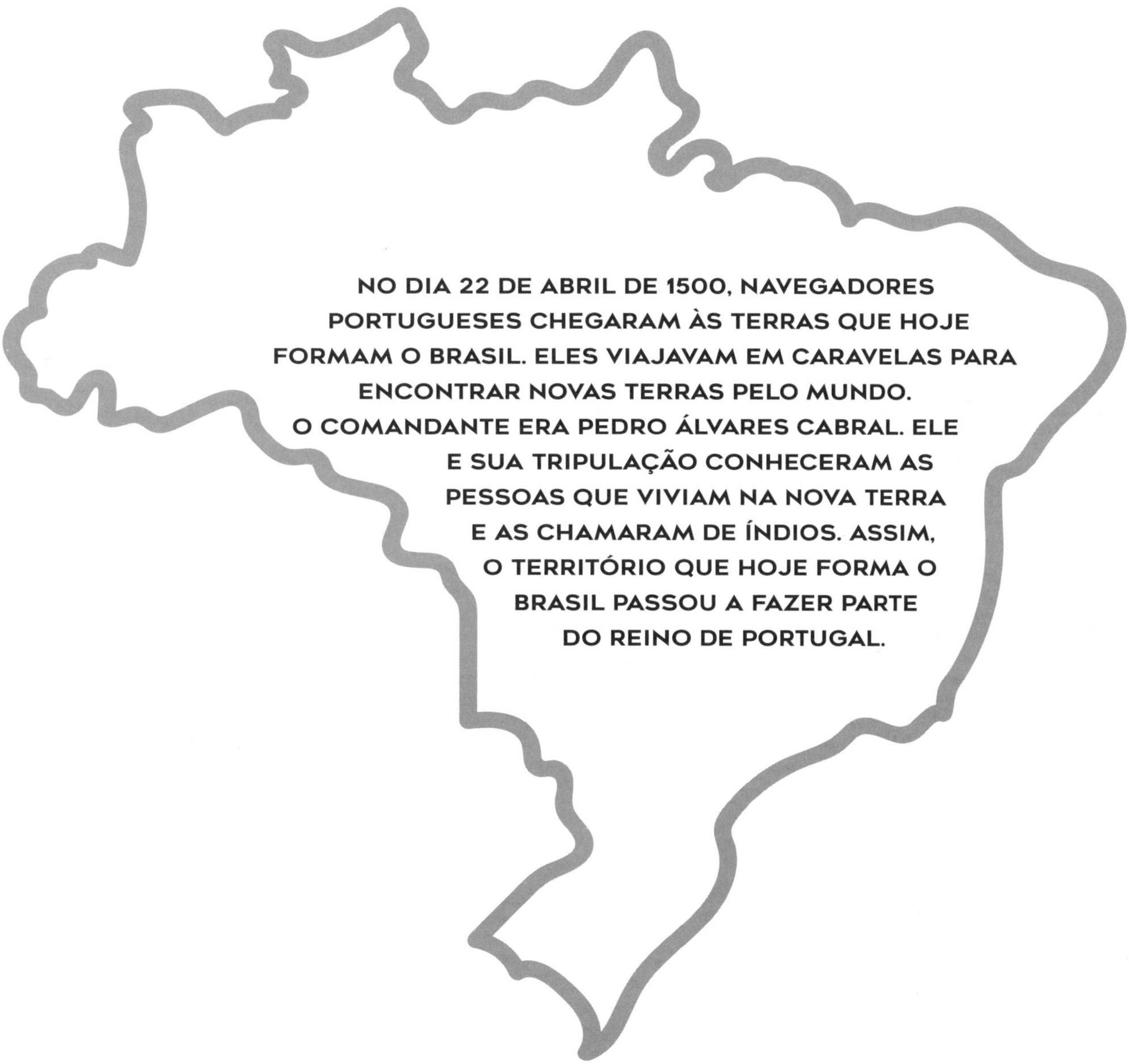

NO DIA 22 DE ABRIL DE 1500, NAVEGADORES PORTUGUESES CHEGARAM ÀS TERRAS QUE HOJE FORMAM O BRASIL. ELES VIAJAVAM EM CARAVELAS PARA ENCONTRAR NOVAS TERRAS PELO MUNDO.
O COMANDANTE ERA PEDRO ÁLVARES CABRAL. ELE E SUA TRIPULAÇÃO CONHECERAM AS PESSOAS QUE VIVIAM NA NOVA TERRA E AS CHAMARAM DE ÍNDIOS. ASSIM, O TERRITÓRIO QUE HOJE FORMA O BRASIL PASSOU A FAZER PARTE DO REINO DE PORTUGAL.

Dia Mundial do Trabalho (1º/5)

Data dedicada aos trabalhadores, o Dia Mundial do Trabalho pode servir como inspiração para uma conversa sobre como os alunos se veem no futuro.

- ★ Promova a semana das profissões: primeiro, peça que os alunos listem as profissões que têm interesse em seguir como carreira.
- ★ Depois, a cada dia, aborde uma das profissões, explicando mais sobre o que faz aquele profissional, onde ele trabalha, o que ele precisa estudar, como é a rotina dele, etc.
- ★ Ao final, oriente os alunos que nomeiem qual é cada uma das seguintes profissões:

Dia das Mães

No segundo domingo de maio, comemora-se o Dia das Mães. Use a data para estimular nos alunos o sentimento de gratidão, propondo que eles escrevam cartões especiais para as mães ou suas cuidadoras.

Festa Junina

As festas juninas são uma tradição bem brasileira. Elas acontecem em homenagem a Santo Antônio (13/6), São João (24/6) e São Pedro (29/6). Capriche nos preparativos da festa junina e aproveite para trabalhar a importância dos costumes e tradições deste evento para o povo brasileiro.

- ★ Em roda de conversa, questione os alunos se eles sabem como surgiu a festa junina. Explique sobre a história e a importância da festa para a cultura brasileira.
- ★ Peça para que listem o que mais gostam da festa. Fale sobre culinária e dança típicas, os trajes e as brincadeiras comuns a essa festividade.
- ★ Ensine a música "Capelinha de Melão" para os alunos. Coloque-a para tocar e estimule para que eles cantem junto. Depois, ensine-os o conceito de rimas e peça para que eles marquem as palavras que terminam com "ÃO".

CAPELINHA DE MELÃO

(João de Barro e Alberto Ribeiro)

CAPELINHA DE MELÃO
É DE SÃO JOÃO
É DE CRAVO É DE ROSA
É DE MANJERICÃO
SÃO JOÃO ESTÁ DORMINDO
NÃO ACORDE, NÃO
ACORDAI, ACORDAI
ACORDAI, JOÃO.

Dia Mundial do Meio Ambiente (5/6)

Cuidar do meio ambiente é um dever de todas as pessoas do planeta.
É importante que essa consciência seja construída desde a infância.
A degradação constante da natureza e a poluição são algumas das coisas que comprometem a sobrevivência das espécies.

★ Prepare fichas ilustradas com mensagens relevantes sobre o cuidado com o meio ambiente e distribua entre os alunos. Peça que eles pintem as figuras e, depois, recorte as fichas e cole-as onde quiserem.

JOGUE LIXO NO LIXO

CUIDE DAS PLANTAS

NÃO DESPERDICE ÁGUA

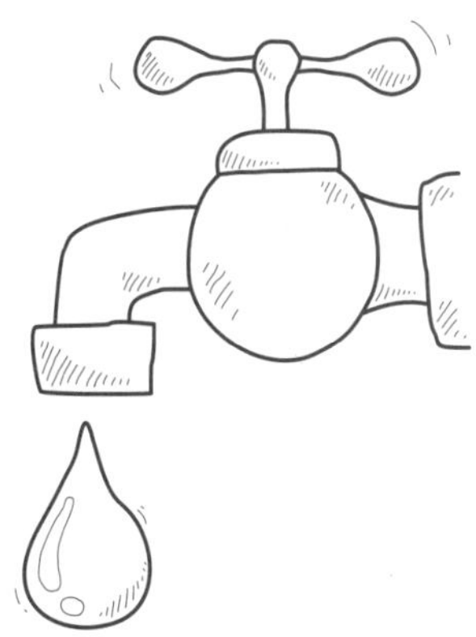

ECONOMIZE ENERGIA

RESPEITE OS ANIMAIS

PROTEJA O PLANETA

Início do inverno (21/6)

O inverno é anunciado com o solstício, fenômeno astronômico que ocorre quando o Sol atinge a maior distância da Terra no hemisfério Sul.

- ★ Explique a mudança da estação para os alunos e o que isso impacta no clima.
- ★ Depois, peça que eles trabalhem com a palavra INVERNO: primeiro oriente a separação de sílabas; por fim, convide-os a escreverem palavras que comecem com as sílabas IN-VER-NO.

I	N	V	E	R	N	O

ESCREVA IGUAL.

AGORA, SEPARE AS SÍLABAS:

ESCREVA OUTRAS PALAVRAS QUE COMECEM COM ESSAS SÍLABAS:

Dia do Amigo (20/7)

A amizade é um sentimento que deve ser incentivado e cultivado desde a infância. O dia 20 de julho marca o Dia Internacional da Amizade e deve ser celebrado entre os alunos.

- ★ Para marcar a data, proponha um jogo em que os alunos precisem trabalhar em duplas para copiar o padrão do desenho.
- ★ Esse exercício trabalha a cooperação e também o desenvolvimento de habilidades motoras e cognitivas.

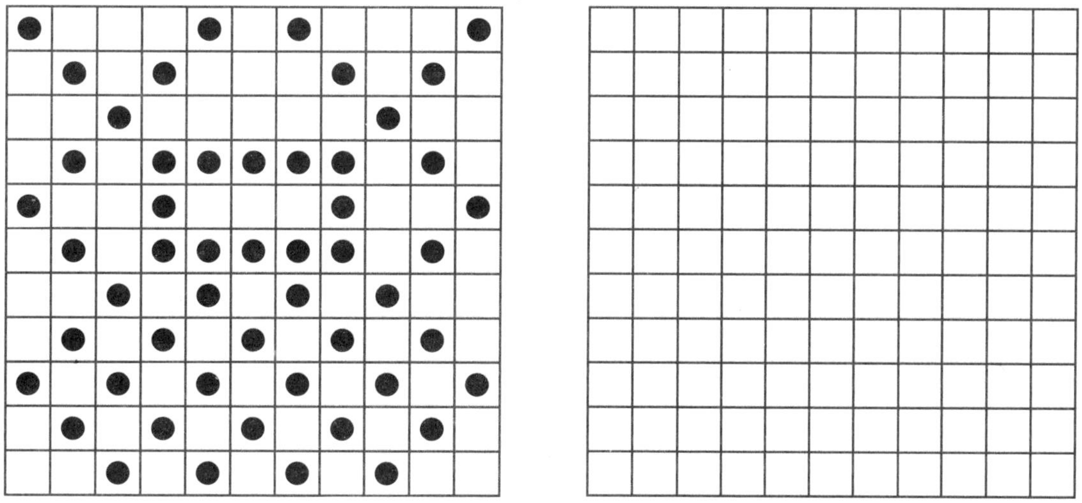

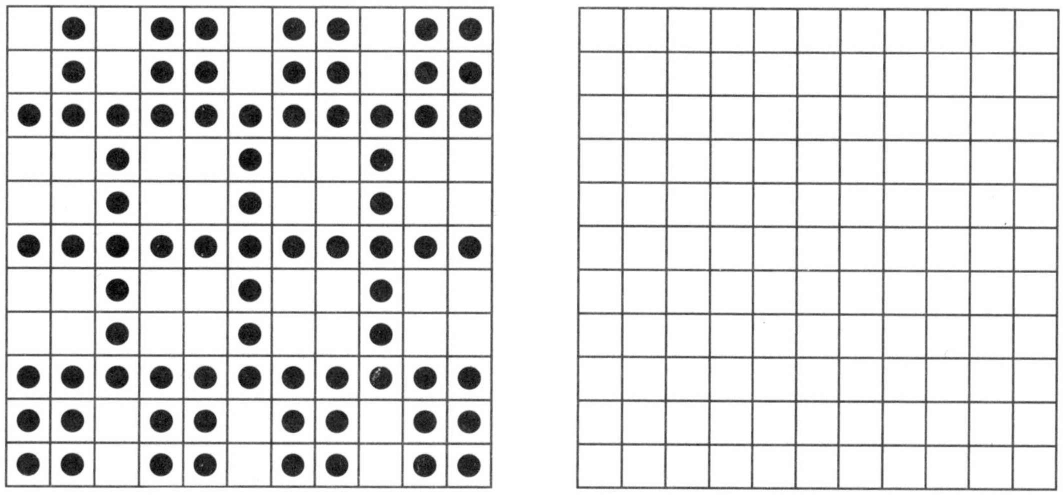

Dia dos Avós (26/7)

A data de 26 de julho ficou definida como Dia dos Avós. Aproveite para trabalhar uma atividade de língua portuguesa: os acentos agudo e circunflexo.

- ★ A partir das palavras VOVÔ E VOVÓ, trabalhe com os alunos a diferença sonora entre os acentos circunflexo (^) e agudo (´).
- ★ Peça, então, que os alunos coloquem o acento correto em cada palavra apresentada.

VOVÔ	ACENTO CIRCUNFLEXO	^
VOVÓ	ACENTO AGUDO	´

AGUA **VOCE** **MEDICO** **PURE**

PLASTICO **TENIS** **ONIBUS** **BAU**

PARABENS **JUDO** **LAMPADA**

JACARE **FACIL** **BAMBOLE** **SOFA**

Dia dos Pais

Em comemoração ao Dia dos Pais, que ocorre no segundo domingo de agosto, proponha uma atividade em que os alunos entrevistem os pais – ou alguém que admirem.

COLE UMA FOTO OU FAÇA UM DESENHO DO SEU PAI:

NOME COMPLETO:

IDADE:

QUAL A SUA MÚSICA PREFERIDA?

O QUE VOCÊ GOSTA DE FAZER PARA SE DIVERTIR?

COMO VOCÊ ACHA QUE DEVE SER UM BOM FILHO?

___

___

Dia do Folclore (22/8)

Riqueza da cultura popular brasileira, o folclore é composto por lendas, contos, mitos e história sobre criaturas fantásticas que habitam diversas regiões do País.

- ★ Como excercício complementar às atividades do Dia do Folclore, mostre aos alunos palavras embaralhadas com os nomes das entidades folclóricas e peça que eles desembaralhem e descubram quem é.
- ★ Depois, peça que cada aluno conte o que sabe sobre aquele personagem.

I R A R U U C P

C A S I

A I A R

O A B T I A T

E M L B O I M S O

A U C C

CURUPIRA – SACI – IARA – BOITATÁ – LOBISOMEM - CUCA

Independência do Brasil (7/9)

Declarada em 7 de setembro de 1822, a independência marcou o momento em que o Brasil declarou sua separação do reino de Portugal. Aproveite a data para ensinar aos alunos o hino da independência, composto pelo poeta Evaristo da Veiga.

Já podeis, da Pátria filhos
Ver contente a mãe gentil
Já raiou a liberdade
No horizonte do Brasil

Brava gente brasileira!
Longe vá, temor servil
Ou ficar a pátria livre
Ou morrer pelo Brasil

Os grilhões que nos forjava
Da perfídia astuto ardil
Houve mão mais poderosa
Zombou deles o Brasil

Brava gente brasileira!
Longe vá, temor servil
Ou ficar a pátria livre
Ou morrer pelo Brasil

Não temais ímpias falanges
Que apresentam face hostil
Vossos peitos, vossos braços
São muralhas do Brasil

Brava gente brasileira!
Longe vá, temor servil
Ou ficar a pátria livre
Ou morrer pelo Brasil

Parabéns, ó brasileiro
Já, com garbo varonil
Do universo entre as nações
Resplandece a do Brasil

Brava gente brasileira!
Longe vá, temor servil
Ou ficar a pátria livre
Ou morrer pelo Brasil

Dia da Árvore (21/9)

A importância desta data está em conscientizar os alunos sobre a necessidade de cuidado e preservação deste bem tão importante para a nossa sobrevivência.

- ★ As árvores são um símbolo da nossa riqueza natural. Explore o espaço ao ar livre para essa atividade, pedindo que os alunos encontrem e organizem as árvores do espaço por ordem de tamanho, da maior para a menor.
- ★ Caso não seja possível realizar a atividade ao ar livre, faça a mesma brincadeira em classe com a ajuda de desenhos e peça que eles numerem a ordem das árvores, de 1 a 6, começando da maior para a menor.

Início da primavera (23/9)

A estação das flores começa, oficialmente, dia 23 de setembro, quando ocorre o equinócio, que é quando o sol ilumina os dois hemisférios da Terra igualmente.

- ★ Nessa atividade, peça para os alunos somarem quantas bolinhas existem dentro das asas das borboletas em cada equação e, depois, desenharem a quantidade equivalente no resultado.
- ★ Depois, peça que eles pintem as três borboletas com mais bolinhas.

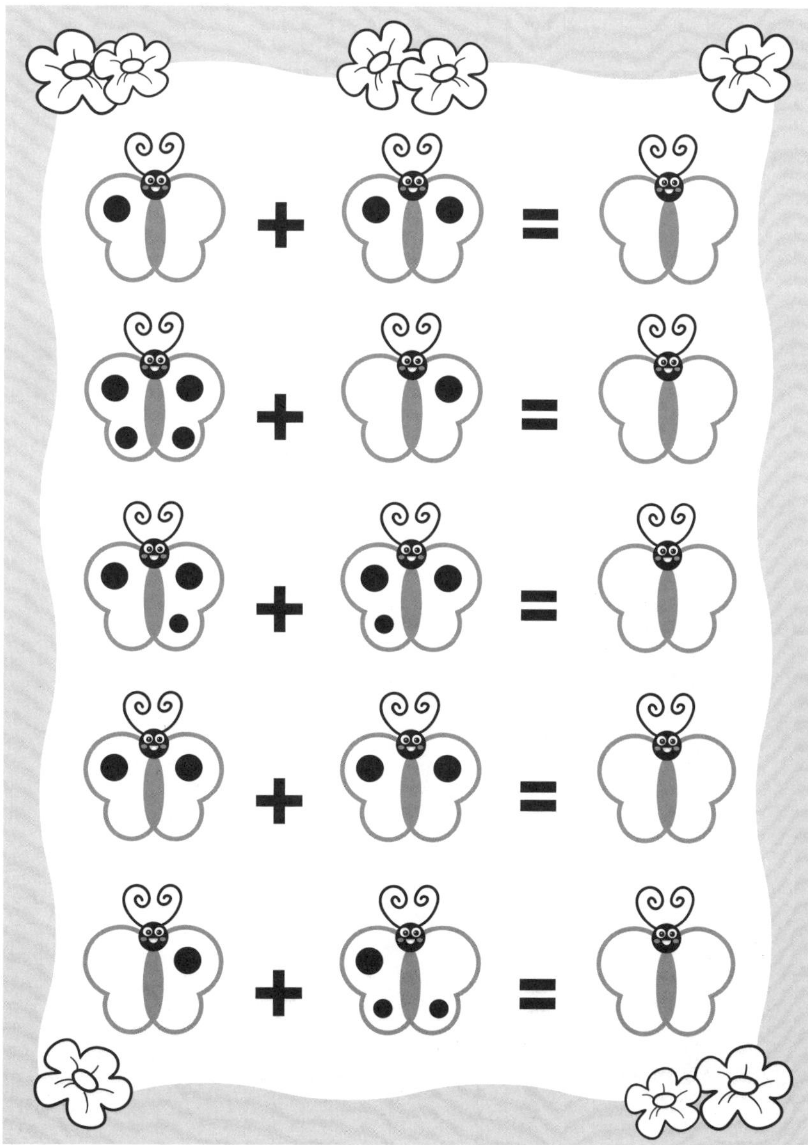

Dia da Criança (12/10)

Brincar é uma atividade muito importante para as crianças. O momento da brincadeira é propício para o desenvolvimento infantil. Enquanto a criança brinca, ela experimenta o mundo, suas possibilidades, interage com outras crianças e pratica habilidades motoras e a imaginação.

- ★ Proponha que cada criança monte o seu brinquedo, usando a imaginação e a criatividade.
  Distribua moldes de papel para os alunos e oriente-os para pintar a imagem, recortar nas linhas indicadas e montar o "brinquedo.
- ★ Depois que todos fizerem o seu novo brinquedo, deixe que eles brinquem e soltem a imaginação.

Dia do Professor (15/10)

A data nasceu em homenagem ao dia em que o imperador Dom Pedro I baixou um decreto que criou o Ensino Elementar no Brasil, em 15 de outubro de 1827. O Dia do Professor serve para lembrarmos do verdadeiro e importante papel desse profissional: a missão de educar.

★ Para celebrar, peça que os alunos escrevam uma carta especial para os seus professores.

Dia das Bruxas (31/10)

O Dia das Bruxas, ou Halloween, é muito tradicional nos países de língua inglesa, como Estados Unidos e Inglaterra. Mas a comemoração já chegou ao Brasil e pode ser usada como tema de festa à fantasia e atividades em classe.

★ Peça aos alunos que ajudem a caveira a encontrar os doces de Dia das Bruxas enquanto treinam a habilidade motora.

Dia da Bandeira (19/11)

A bandeira do Brasil é formada pelo retângulo verde, que representa as nossas florestas, o losango amarelo, que representa nossas riquezas, o círculo azul, que simboliza o céu e os rios brasileiros, e a faixa branca, que mostra nosso desejo de paz. As estrelas representam os Estados e o Distrito Federal e o "Ordem e Progresso" é nosso lema.

- ★ Distribua folhas com o desenho abaixo entre os alunos.
- ★ Peça para que eles pintem cada parte da figura com sua devida cor.
- ★ Depois, diga para que eles recortem nas linhas pontilhadas e montem a bandeira do Brasil colando as partes.
- ★ Por último, cole um palito de sorvete na lateral para movimentá-la.

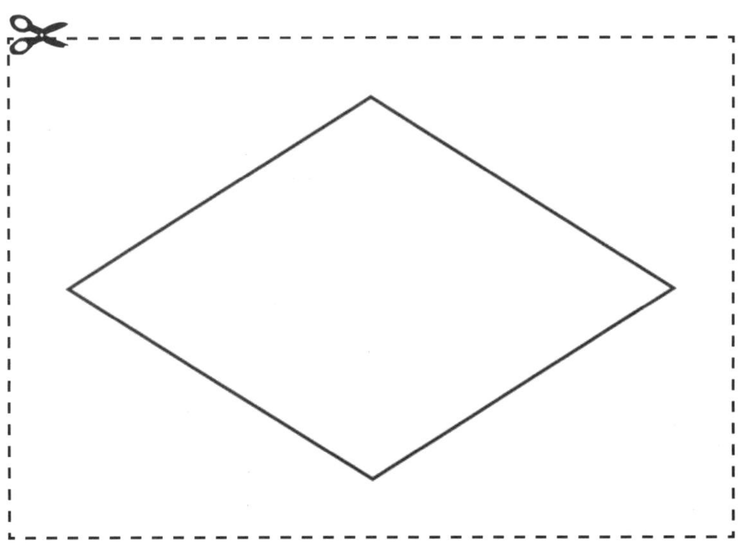

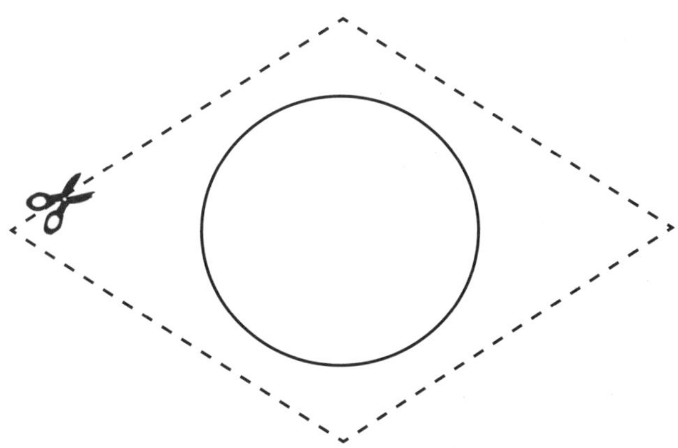

Dia da Família (8/12)

Por definição, família é o grupo de pessoas vivendo sob o mesmo teto e quem tem uma ancestralidade em comum. Mas, principalmente, é onde encontramos amor incondicional. Família não tem a ver com laços sanguíneos; tem a ver com laços afetivos. No Dia Nacional da Família, proponha aos alunos que montem uma árvore genealógica com sua família e, depois, a apresentem para a classe.

Início do verão (21/12)

A estação mais quente do ano começa dia 21 de dezembro, junto com o solstício de verão, que é o dia em que o hemisfério sul do planeta recebe mais luz solar. O início do verão também marca o fim do ano letivo e começo das férias. Então, proponha aos alunos escreverem uma redação contando o que vão fazer nas férias de verão.

Natal (25/12)

Marque o final do ano letivo com uma atividade lúdica e divertida com a classe.

- ★ Distribua desenhos aos alunos e peça que eles pintem com as cores que quiserem.
- ★ Depois, recorte nas linhas e transforme o desenho deles em quebra-cabeça.
- ★ Ao final, coloque cada um em um envelope com dedicatória e dê de presente para que eles levem para casa para brincar nas férias.

Ótimo! Ótimo! Ótimo! Ótimo! Ótimo! Ótimo! Ótimo!

Adorei! Adorei! Adorei! Adorei! Adorei! Adorei! Adorei!

Adorei! Adorei! Adorei! Adorei! Adorei! Adorei! Adorei!

Lindo! Lindo! Lindo! Lindo! Lindo! Lindo! Lindo!

Lindo! Lindo! Lindo! Lindo! Lindo! Lindo! Lindo!

Não desanime.

Não desanime.

CONTINUE ASSIM! CONTINUE ASSIM! CONTINUE ASSIM! CONTINUE ASSIM! CONTINUE ASSIM! CONTINUE ASSIM! CONTINUE ASSIM!

ADOREI! ADOREI! ADOREI! ADOREI! ADOREI! ADOREI! ADOREI!

ADOREI! ADOREI! ADOREI! ADOREI! ADOREI! ADOREI! ADOREI!

QUE MARAVILHA! QUE MARAVILHA! QUE MARAVILHA! QUE MARAVILHA! QUE MARAVILHA! QUE MARAVILHA! QUE MARAVILHA

Gostei da letra. Parabéns! Gostei da letra. Parabéns! Gostei da letra. Parabéns! Gostei da letra Parabéns!

Gostei da letra. Parabéns! Gostei da letra. Parabéns! Gostei da letra. Parabéns! Gostei da letra. Parabéns!

Feliz Aniversário! Feliz Aniversário! Feliz Aniversário! Feliz Aniversário!

Feliz Aniversário! Feliz Aniversário! Feliz Aniversário! Feliz Aniversário

Feliz Aniversário! Feliz Aniversário! Feliz Aniversário! Feliz Aniversário!

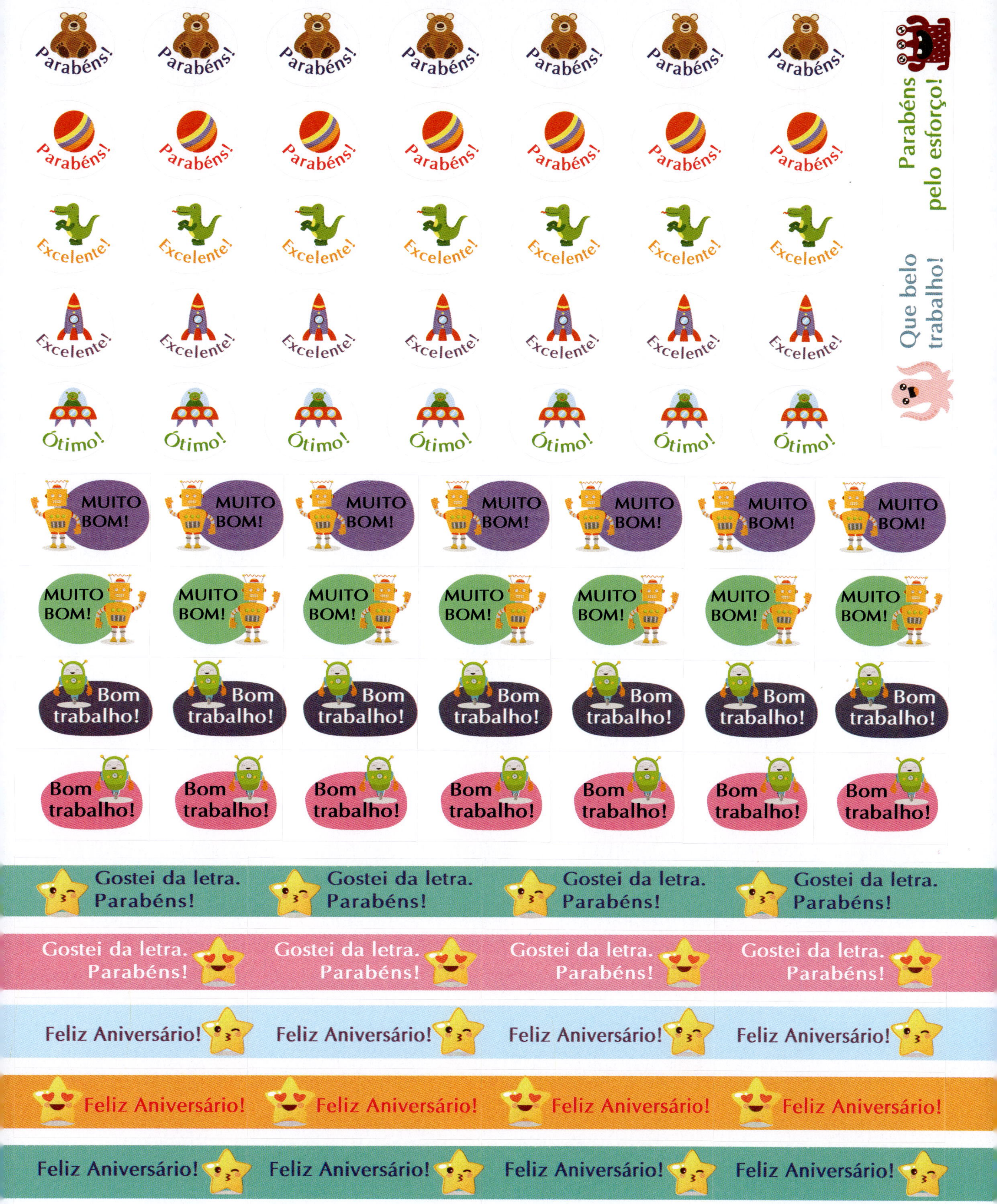
Parabéns! Parabéns! Parabéns! Parabéns! Parabéns! Parabéns! Parabéns!
Parabéns pelo esforço!
Parabéns! Parabéns! Parabéns! Parabéns! Parabéns! Parabéns! Parabéns!
Excelente! Excelente! Excelente! Excelente! Excelente! Excelente! Excelente!
Que belo trabalho!
Excelente! Excelente! Excelente! Excelente! Excelente! Excelente! Excelente!
Ótimo! Ótimo! Ótimo! Ótimo! Ótimo! Ótimo! Ótimo!
MUITO BOM! MUITO BOM! MUITO BOM! MUITO BOM! MUITO BOM! MUITO BOM! MUITO BOM!
MUITO BOM! MUITO BOM! MUITO BOM! MUITO BOM! MUITO BOM! MUITO BOM! MUITO BOM!
Bom trabalho! Bom trabalho! Bom trabalho! Bom trabalho! Bom trabalho! Bom trabalho! Bom trabalho!
Bom trabalho! Bom trabalho! Bom trabalho! Bom trabalho! Bom trabalho! Bom trabalho! Bom trabalho!
Gostei da letra. Parabéns! Gostei da letra. Parabéns! Gostei da letra. Parabéns! Gostei da letra. Parabéns!
Gostei da letra. Parabéns! Gostei da letra. Parabéns! Gostei da letra. Parabéns! Gostei da letra. Parabéns!
Feliz Aniversário! Feliz Aniversário! Feliz Aniversário! Feliz Aniversário!
Feliz Aniversário! Feliz Aniversário! Feliz Aniversário! Feliz Aniversário!
Feliz Aniversário! Feliz Aniversário! Feliz Aniversário! Feliz Aniversário!

Parabéns! Parabéns! Parabéns! Parabéns! Parabéns! Parabéns! Parabéns!

Parabéns! Parabéns! Parabéns! Parabéns! Parabéns! Parabéns! Parabéns!

Excelente! Excelente! Excelente! Excelente! Excelente! Excelente! Excelente!

Excelente! Excelente! Excelente! Excelente! Excelente! Excelente! Excelente!

Ótimo! Ótimo! Ótimo! Ótimo! Ótimo! Ótimo! Ótimo!

Não desanime. Você consegue!

Não desanime. Você consegue!

CONTINUE ASSIM! CONTINUE ASSIM! CONTINUE ASSIM! CONTINUE ASSIM! CONTINUE ASSIM! CONTINUE ASSIM! CONTINUE ASSIM!

ADOREI! ADOREI! ADOREI! ADOREI! ADOREI! ADOREI! ADOREI!

ADOREI! ADOREI! ADOREI! ADOREI! ADOREI! ADOREI! ADOREI!

QUE MARAVILHA! QUE MARAVILHA! QUE MARAVILHA! QUE MARAVILHA! QUE MARAVILHA! QUE MARAVILHA! QUE MARAVILHA!

Gostei da letra. Parabéns! Gostei da letra. Parabéns! Gostei da letra. Parabéns! Gostei da letra Parabéns!

Gostei da letra. Parabéns! Gostei da letra. Parabéns! Gostei da letra. Parabéns! Gostei da letra. Parabéns!

Feliz Aniversário! Feliz Aniversário! Feliz Aniversário! Feliz Aniversário!

Feliz Aniversário! Feliz Aniversário! Feliz Aniversário! Feliz Aniversário!

Feliz Aniversário! Feliz Aniversário! Feliz Aniversário! Feliz Aniversário!

Parabéns! Parabéns! Parabéns! Parabéns! Parabéns! Parabéns! Parabéns!

Parabéns! Parabéns! Parabéns! Parabéns! Parabéns! Parabéns! Parabéns!

Excelente! Excelente! Excelente! Excelente! Excelente! Excelente! Excelente!

Excelente! Excelente! Excelente! Excelente! Excelente! Excelente! Excelente!

Ótimo! Ótimo! Ótimo! Ótimo! Ótimo! Ótimo! Ótimo!

Não desanime. Você consegue!

Não desanime. Você consegue!

CONTINUE ASSIM! CONTINUE ASSIM! CONTINUE ASSIM! CONTINUE ASSIM! CONTINUE ASSIM! CONTINUE ASSIM! CONTINUE ASSIM!

ADOREI! ADOREI! ADOREI! ADOREI! ADOREI! ADOREI! ADOREI!

ADOREI! ADOREI! ADOREI! ADOREI! ADOREI! ADOREI! ADOREI!

QUE MARAVILHA! QUE MARAVILHA! QUE MARAVILHA! QUE MARAVILHA! QUE MARAVILHA! QUE MARAVILHA! QUE MARAVILHA!

Gostei da letra. Parabéns! Gostei da letra. Parabéns! Gostei da letra. Parabéns! Gostei da letra. Parabéns!

Gostei da letra. Parabéns! Gostei da letra. Parabéns! Gostei da letra. Parabéns! Gostei da letra. Parabéns!

Feliz Aniversário! Feliz Aniversário! Feliz Aniversário! Feliz Aniversário!

Feliz Aniversário! Feliz Aniversário! Feliz Aniversário! Feliz Aniversário!

Feliz Aniversário! Feliz Aniversário! Feliz Aniversário! Feliz Aniversário!

Parabéns! Parabéns! Parabéns! Parabéns! Parabéns! Parabéns! Parabéns!

Parabéns! Parabéns! Parabéns! Parabéns! Parabéns! Parabéns! Parabéns!

Excelente! Excelente! Excelente! Excelente! Excelente! Excelente! Excelente!

Excelente! Excelente! Excelente! Excelente! Excelente! Excelente! Excelente!

Ótimo! Ótimo! Ótimo! Ótimo! Ótimo! Ótimo! Ótimo!

Parabéns

Que belo

CONTINUE ASSIM! CONTINUE ASSIM! CONTINUE ASSIM! CONTINUE ASSIM! CONTINUE ASSIM! CONTINUE ASSIM! CONTINUE ASSIM!

ADOREI! ADOREI! ADOREI! ADOREI! ADOREI! ADOREI! ADOREI!

ADOREI! ADOREI! ADOREI! ADOREI! ADOREI! ADOREI! ADOREI!

QUE MARAVILHA! QUE MARAVILHA! QUE MARAVILHA! QUE MARAVILHA! QUE MARAVILHA! QUE MARAVILHA! QUE MARAVILHA

Gostei da letra. Parabéns! Gostei da letra. Parabéns! Gostei da letra. Parabéns! Gostei da letra Parabéns!

Gostei da letra. Parabéns! Gostei da letra. Parabéns! Gostei da letra. Parabéns! Gostei da letra. Parabéns!

Feliz Aniversário! Feliz Aniversário! Feliz Aniversário! Feliz Aniversário!

Feliz Aniversário! Feliz Aniversário! Feliz Aniversário! Feliz Aniversário

Feliz Aniversário! Feliz Aniversário! Feliz Aniversário! Feliz Aniversário!

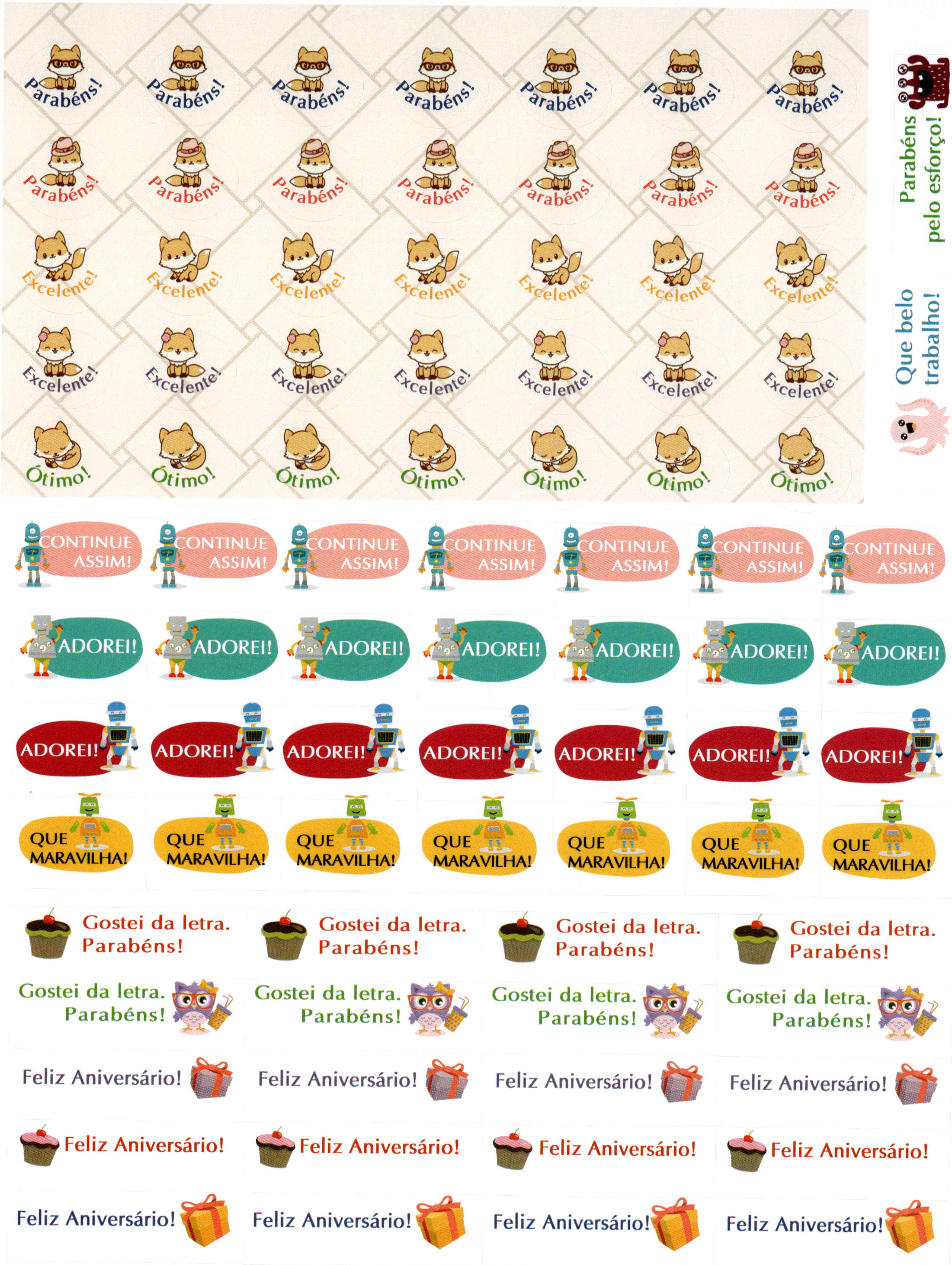
Parabéns!
Parabéns!
Excelente!
Excelente!
Ótimo!
Parabéns pelo esforço!
Que belo trabalho!
CONTINUE ASSIM!
ADOREI!
ADOREI!
QUE MARAVILHA!
Gostei da letra. Parabéns!
Gostei da letra. Parabéns!
Feliz Aniversário!
Feliz Aniversário!
Feliz Aniversário!

Parabéns! Parabéns! Parabéns! Parabéns! Parabéns! Parabéns! Parabéns!

Parabéns! Parabéns! Parabéns! Parabéns! Parabéns! Parabéns! Parabéns!

Excelente! Excelente! Excelente! Excelente! Excelente! Excelente! Excelente!

Excelente! Excelente! Excelente! Excelente! Excelente! Excelente! Excelente!

Ótimo! Ótimo! Ótimo! Ótimo! Ótimo! Ótimo! Ótimo!

Não desanime. Você consegue!

Não desanime. Você consegue!

CONTINUE ASSIM! CONTINUE ASSIM! CONTINUE ASSIM! CONTINUE ASSIM! CONTINUE ASSIM! CONTINUE ASSIM! CONTINUE ASSIM!

ADOREI! ADOREI! ADOREI! ADOREI! ADOREI! ADOREI! ADOREI!

QUE CAPRICHO! QUE CAPRICHO! QUE CAPRICHO! QUE CAPRICHO! QUE CAPRICHO! QUE CAPRICHO! QUE CAPRICHO!

QUE MARAVILHA! QUE MARAVILHA! QUE MARAVILHA! QUE MARAVILHA! QUE MARAVILHA! QUE MARAVILHA! QUE MARAVILHA!

Gostei da letra. Parabéns! Gostei da letra. Parabéns! Gostei da letra. Parabéns! Gostei da letra. Parabéns!

Gostei da letra. Parabéns! Gostei da letra. Parabéns! Gostei da letra. Parabéns! Gostei da letra. Parabéns!

Feliz Aniversário! Feliz Aniversário! Feliz Aniversário! Feliz Aniversário!

Feliz Aniversário! Feliz Aniversário! Feliz Aniversário! Feliz Aniversário!

Feliz Aniversário! Feliz Aniversário! Feliz Aniversário! Feliz Aniversário!

Parabéns! Parabéns! Parabéns! Parabéns! Parabéns! Parabéns! Parabéns!

Parabéns! Parabéns! Parabéns! Parabéns! Parabéns! Parabéns! Parabéns!

Excelente! Excelente! Excelente! Excelente! Excelente! Excelente! Excelente!

Excelente! Excelente! Excelente! Excelente! Excelente! Excelente! Excelente!

Ótimo! Ótimo! Ótimo! Ótimo! Ótimo! Ótimo! Ótimo!

Não desanime. Você consegue!

Não desanime. Você consegue!

CONTINUE ASSIM! CONTINUE ASSIM! CONTINUE ASSIM! CONTINUE ASSIM! CONTINUE ASSIM! CONTINUE ASSIM! CONTINUE ASSIM!

ADOREI! ADOREI! ADOREI! ADOREI! ADOREI! ADOREI! ADOREI!

ADOREI! ADOREI! ADOREI! ADOREI! ADOREI! ADOREI! ADOREI!

QUE MARAVILHA! QUE MARAVILHA! QUE MARAVILHA! QUE MARAVILHA! QUE MARAVILHA! QUE MARAVILHA! QUE MARAVILHA!

Gostei da letra. Parabéns! Gostei da letra. Parabéns! Gostei da letra. Parabéns! Gostei da letra. Parabéns!

Gostei da letra. Parabéns! Gostei da letra. Parabéns! Gostei da letra. Parabéns! Gostei da letra. Parabéns!

Feliz Aniversário! Feliz Aniversário! Feliz Aniversário! Feliz Aniversário!

Feliz Aniversário! Feliz Aniversário! Feliz Aniversário! Feliz Aniversário!

Feliz Aniversário! Feliz Aniversário! Feliz Aniversário! Feliz Aniversário!

Parabéns! Parabéns! Parabéns! Parabéns! Parabéns! Parabéns! Parabéns!
Parabéns! Parabéns! Parabéns! Parabéns! Parabéns! Parabéns! Parabéns!
Excelente! Excelente! Excelente! Excelente! Excelente! Excelente! Excelente!
Excelente! Excelente! Excelente! Excelente! Excelente! Excelente! Excelente!
Ótimo! Ótimo! Ótimo! Ótimo! Ótimo! Ótimo! Ótimo!
Não desanime. Você consegue!
Não desanime. Você consegue!
MUITO BOM! MUITO BOM! MUITO BOM! MUITO BOM! MUITO BOM! MUITO BOM! MUITO BOM!
Bom trabalho! Bom trabalho! Bom trabalho! Bom trabalho! Bom trabalho! Bom trabalho! Bom trabalho!
Bom trabalho! Bom trabalho! Bom trabalho! Bom trabalho! Bom trabalho! Bom trabalho! Bom trabalho!
CONTINUE ASSIM! CONTINUE ASSIM! CONTINUE ASSIM! CONTINUE ASSIM! CONTINUE ASSIM! CONTINUE ASSIM! CONTINUE ASSIM!
Você acertou tudo! Você acertou tudo! Você acertou tudo! Você acertou tudo!
Você acertou tudo! Você acertou tudo! Você acertou tudo! Você acertou tudo!
Seu caderno está lindo! Seu caderno está lindo! Seu caderno está lindo! Seu caderno está lindo!
Seu caderno está lindo! Seu caderno está lindo! Seu caderno está lindo! Seu caderno está lindo!
Que belo trabalho! Que belo trabalho! Que belo trabalho! Que belo trabalho!

Parabéns! Parabéns! Parabéns! Parabéns! Parabéns! Parabéns! Parabéns!

Parabéns! Parabéns! Parabéns! Parabéns! Parabéns! Parabéns! Parabéns!

Excelente! Excelente! Excelente! Excelente! Excelente! Excelente! Excelente!

Excelente! Excelente! Excelente! Excelente! Excelente! Excelente! Excelente!

Ótimo! Ótimo! Ótimo! Ótimo! Ótimo! Ótimo! Ótimo!

Parabéns pelo esforço!

Que belo trabalho!

QUE MARAVILHA! QUE MARAVILHA! QUE MARAVILHA! QUE MARAVILHA! QUE MARAVILHA! QUE MARAVILHA! QUE MARAVILHA!

QUE CAPRICHO! QUE CAPRICHO! QUE CAPRICHO! QUE CAPRICHO! QUE CAPRICHO! QUE CAPRICHO! QUE CAPRICHO!

QUE CAPRICHO! QUE CAPRICHO! QUE CAPRICHO! QUE CAPRICHO! QUE CAPRICHO! QUE CAPRICHO! QUE CAPRICHO!

Parabéns! Parabéns! Parabéns! Parabéns! Parabéns! Parabéns! Parabéns!

Você acertou tudo! Você acertou tudo! Você acertou tudo! Você acertou tudo!

Você acertou tudo! Você acertou tudo! Você acertou tudo! Você acertou tudo!

Seu caderno está lindo! Seu caderno está lindo! Seu caderno está lindo! Seu caderno está lindo!

Seu caderno está lindo! Seu caderno está lindo! Seu caderno está lindo! Seu caderno está lindo!

Que belo trabalho! Que belo trabalho! Que belo trabalho! Que belo trabalho!

Ótimo! Ótimo! Ótimo! Ótimo! Ótimo! Ótimo! Ótimo!

Adorei! Adorei! Adorei! Adorei! Adorei! Adorei! Adorei!

Adorei! Adorei! Adorei! Adorei! Adorei! Adorei! Adorei!

Lindo! Lindo! Lindo! Lindo! Lindo! Lindo! Lindo!

Lindo! Lindo! Lindo! Lindo! Lindo! Lindo! Lindo!

Não desanime. Você consegue!

Não desanime. Você consegue!

MUITO BOM! MUITO BOM! MUITO BOM! MUITO BOM! MUITO BOM! MUITO BOM! MUITO BOM!

MUITO BOM! MUITO BOM! MUITO BOM! MUITO BOM! MUITO BOM! MUITO BOM! MUITO BOM!

BOM TRABALHO! BOM TRABALHO! BOM TRABALHO! BOM TRABALHO! BOM TRABALHO! BOM TRABALHO! BOM TRABALHO!

BOM TRABALHO! BOM TRABALHO! BOM TRABALHO! BOM TRABALHO! BOM TRABALHO! BOM TRABALHO! BOM TRABALHO!

Você acertou tudo! Você acertou tudo! Você acertou tudo! Você acertou tudo!

Você acertou tudo! Você acertou tudo! Você acertou tudo! Você acertou tudo!

Seu caderno está lindo! Seu caderno está lindo! Seu caderno está lindo! Seu caderno está lindo!

Seu caderno está lindo! Seu caderno está lindo! Seu caderno está lindo! Seu caderno está lindo!

Que belo trabalho! Que belo trabalho! Que belo trabalho! Que belo trabalho!

Ótimo! Ótimo! Ótimo! Ótimo! Ótimo! Ótimo! Ótimo!

Adorei! Adorei! Adorei! Adorei! Adorei! Adorei! Adorei!

Adorei! Adorei! Adorei! Adorei! Adorei! Adorei! Adorei!

Lindo! Lindo! Lindo! Lindo! Lindo! Lindo! Lindo!

Lindo! Lindo! Lindo! Lindo! Lindo! Lindo! Lindo!

Não desanime. Você consegue!

Não desanime. Você consegue!

CONTINUE ASSIM! CONTINUE ASSIM! CONTINUE ASSIM! CONTINUE ASSIM! CONTINUE ASSIM! CONTINUE ASSIM! CONTINUE ASSIM!

ADOREI! ADOREI! ADOREI! ADOREI! ADOREI! ADOREI! ADOREI!

ADOREI! ADOREI! ADOREI! ADOREI! ADOREI! ADOREI! ADOREI!

QUE MARAVILHA! QUE MARAVILHA! QUE MARAVILHA! QUE MARAVILHA! QUE MARAVILHA! QUE MARAVILHA! QUE MARAVILHA!

Você acertou tudo! Você acertou tudo! Você acertou tudo! Você acertou tudo!

Você acertou tudo! Você acertou tudo! Você acertou tudo! Você acertou tudo!

Seu caderno está lindo! Seu caderno está lindo! Seu caderno está lindo! Seu caderno está lindo!

Seu caderno está lindo! Seu caderno está lindo! Seu caderno está lindo! Seu caderno está lindo!

Que belo trabalho! Que belo trabalho! Que belo trabalho! Que belo trabalho!

Ótimo! Ótimo! Ótimo! Ótimo! Ótimo! Ótimo! Ótimo!

Adorei! Adorei! Adorei! Adorei! Adorei! Adorei! Adorei!

Adorei! Adorei! Adorei! Adorei! Adorei! Adorei! Adorei!

Lindo! Lindo! Lindo! Lindo! Lindo! Lindo! Lindo!

Lindo! Lindo! Lindo! Lindo! Lindo! Lindo! Lindo!

Não desanime. Você consegue!

Não desanime. Você consegue!

QUE MARAVILHA! QUE MARAVILHA! QUE MARAVILHA! QUE MARAVILHA! QUE MARAVILHA! QUE MARAVILHA! QUE MARAVILHA!

QUE CAPRICHO! QUE CAPRICHO! QUE CAPRICHO! QUE CAPRICHO! QUE CAPRICHO! QUE CAPRICHO! QUE CAPRICHO!

QUE CAPRICHO! QUE CAPRICHO! QUE CAPRICHO! QUE CAPRICHO! QUE CAPRICHO! QUE CAPRICHO! QUE CAPRICHO!

PARABÉNS! PARABÉNS! PARABÉNS! PARABÉNS! PARABÉNS! PARABÉNS! PARABÉNS!

Você acertou tudo! Você acertou tudo! Você acertou tudo! Você acertou tudo!

Você acertou tudo! Você acertou tudo! Você acertou tudo! Você acertou tudo!

Seu caderno está lindo! Seu caderno está lindo! Seu caderno está lindo! Seu caderno está lindo!

Seu caderno está lindo! Seu caderno está lindo! Seu caderno está lindo! Seu caderno está lindo!

Que belo trabalho! Que belo trabalho! Que belo trabalho! Que belo trabalho!

Ótimo! Ótimo! Ótimo! Ótimo! Ótimo! Ótimo! Ótimo!

Adorei! Adorei! Adorei! Adorei! Adorei! Adorei! Adorei!

Adorei! Adorei! Adorei! Adorei! Adorei! Adorei! Adorei!

Lindo! Lindo! Lindo! Lindo! Lindo! Lindo! Lindo!

Lindo! Lindo! Lindo! Lindo! Lindo! Lindo! Lindo!

Parabéns pelo esforço!

Que belo trabalho!

CONTINUE ASSIM! CONTINUE ASSIM! CONTINUE ASSIM! CONTINUE ASSIM! CONTINUE ASSIM! CONTINUE ASSIM! CONTINUE ASSIM!

MUITO BOM! MUITO BOM! MUITO BOM! MUITO BOM! MUITO BOM! MUITO BOM! MUITO BOM!

CONTINUE ASSIM! CONTINUE ASSIM! CONTINUE ASSIM! CONTINUE ASSIM! CONTINUE ASSIM! CONTINUE ASSIM! CONTINUE ASSIM!

Parabéns! Parabéns! Parabéns! Parabéns! Parabéns! Parabéns! Parabéns!

Você acertou tudo! Você acertou tudo! Você acertou tudo! Você acertou tudo!

Você acertou tudo! Você acertou tudo! Você acertou tudo! Você acertou tudo!

Seu caderno está lindo! Seu caderno está lindo! Seu caderno está lindo! Seu caderno está lindo!

Seu caderno está lindo! Seu caderno está lindo! Seu caderno está lindo! Seu caderno está lindo!

Que belo trabalho! Que belo trabalho! Que belo trabalho! Que belo trabalho!

Ótimo!	Ótimo!	Ótimo!	Ótimo!	Ótimo!	Ótimo!	Ótimo!
Adorei!	Adorei!	Adorei!	Adorei!	Adorei!	Adorei!	Adorei!
Adorei!	Adorei!	Adorei!	Adorei!	Adorei!	Adorei!	Adorei!
Lindo!	Lindo!	Lindo!	Lindo!	Lindo!	Lindo!	Lindo!
Lindo!	Lindo!	Lindo!	Lindo!	Lindo!	Lindo!	Lindo!

Não desanime. Você consegue!

Não desanime. Você consegue!

MUITO BOM!	MUITO BOM!	MUITO BOM!	MUITO BOM!	MUITO BOM!	MUITO BOM!	MUITO BOM!
MUITO BOM!	MUITO BOM!	MUITO BOM!	MUITO BOM!	MUITO BOM!	MUITO BOM!	MUITO BOM!
Bom trabalho!	Bom trabalho!	Bom trabalho!	Bom trabalho!	Bom trabalho!	Bom trabalho!	Bom trabalho!
Bom trabalho!	Bom trabalho!	Bom trabalho!	Bom trabalho!	Bom trabalho!	Bom trabalho!	Bom trabalho!

Você acertou tudo!	Você acertou tudo!	Você acertou tudo!	Você acertou tudo!
Você acertou tudo!	Você acertou tudo!	Você acertou tudo!	Você acertou tudo!
Seu caderno está lindo!	Seu caderno está lindo!	Seu caderno está lindo!	Seu caderno está lindo!
Seu caderno está lindo!	Seu caderno está lindo!	Seu caderno está lindo!	Seu caderno está lindo!
Que belo trabalho!	Que belo trabalho!	Que belo trabalho!	Que belo trabalho!

Ótimo! Ótimo! Ótimo! Ótimo! Ótimo! Ótimo! Ótimo!

Adorei! Adorei! Adorei! Adorei! Adorei! Adorei! Adorei!

Adorei! Adorei! Adorei! Adorei! Adorei! Adorei! Adorei!

Lindo! Lindo! Lindo! Lindo! Lindo! Lindo! Lindo!

Lindo! Lindo! Lindo! Lindo! Lindo! Lindo! Lindo!

QUE MARAVILHA! QUE MARAVILHA! QUE MARAVILHA! QUE MARAVILHA! QUE MARAVILHA! QUE MARAVILHA! QUE MARAVILHA!

QUE CAPRICHO! QUE CAPRICHO! QUE CAPRICHO! QUE CAPRICHO! QUE CAPRICHO! QUE CAPRICHO! QUE CAPRICHO!

QUE CAPRICHO! QUE CAPRICHO! QUE CAPRICHO! QUE CAPRICHO! QUE CAPRICHO! QUE CAPRICHO! QUE CAPRICHO!

PARABÉNS! PARABÉNS! PARABÉNS! PARABÉNS! PARABÉNS! PARABÉNS! PARABÉNS!

Parabéns pelo esforço! Parabéns pelo esforço! Parabéns pelo esforço! Parabéns pelo esforço!

Você é demais! Você é demais! Você é demais! Você é demais!

Você é demais! Você é demais! Você é demais! Você é demais!

Não desanime. Você consegue! Não desanime. Você consegue! Não desanime. Você consegue! Não desanime. Você consegue!

Não desanime. Você consegue! Não desanime. Você consegue! Não desanime. Você consegue! Não desanime. Você consegue!

Não desanime. Você consegue!

Não desanime. Você consegue!

Ótimo! Ótimo! Ótimo! Ótimo! Ótimo! Ótimo! Ótimo!

Adorei! Adorei! Adorei! Adorei! Adorei! Adorei! Adorei!

Adorei! Adorei! Adorei! Adorei! Adorei! Adorei! Adorei!

Lindo! Lindo! Lindo! Lindo! Lindo! Lindo! Lindo!

Lindo! Lindo! Lindo! Lindo! Lindo! Lindo! Lindo!

Não desanime. Você consegue!

Não desanime. Você consegue!

CONTINUE ASSIM! CONTINUE ASSIM! CONTINUE ASSIM! CONTINUE ASSIM! CONTINUE ASSIM! CONTINUE ASSIM! CONTINUE ASSIM!

MUITO BOM! MUITO BOM! MUITO BOM! MUITO BOM! MUITO BOM! MUITO BOM! MUITO BOM!

MUITO BOM! MUITO BOM! MUITO BOM! MUITO BOM! MUITO BOM! MUITO BOM! MUITO BOM!

Bom trabalho! Bom trabalho! Bom trabalho! Bom trabalho! Bom trabalho! Bom trabalho! Bom trabalho!

Que belo trabalho! Que belo trabalho! Que belo trabalho! Que belo trabalho!

Parabéns pelo esforço! Parabéns pelo esforço! Parabéns pelo esforço! Parabéns pelo esforço!

Parabéns pelo esforço! Parabéns pelo esforço! Parabéns pelo esforço! Parabéns pelo esforço!

Você é demais! Você é demais! Você é demais! Você é demais!

Você é demais! Você é demais! Você é demais! Você é demais!

Ótimo! Ótimo! Ótimo! Ótimo! Ótimo! Ótimo! Ótimo!

Adorei! Adorei! Adorei! Adorei! Adorei! Adorei! Adorei!

Adorei! Adorei! Adorei! Adorei! Adorei! Adorei! Adorei!

Lindo! Lindo! Lindo! Lindo! Lindo! Lindo! Lindo!

Lindo! Lindo! Lindo! Lindo! Lindo! Lindo! Lindo!

Parabéns pelo esforço!

Que belo trabalho!

QUE MARAVILHA! QUE MARAVILHA! QUE MARAVILHA! QUE MARAVILHA! QUE MARAVILHA! QUE MARAVILHA! QUE MARAVILHA!

QUE CAPRICHO! QUE CAPRICHO! QUE CAPRICHO! QUE CAPRICHO! QUE CAPRICHO! QUE CAPRICHO! QUE CAPRICHO!

QUE CAPRICHO! QUE CAPRICHO! QUE CAPRICHO! QUE CAPRICHO! QUE CAPRICHO! QUE CAPRICHO! QUE CAPRICHO!

Parabéns! Parabéns! Parabéns! Parabéns! Parabéns! Parabéns! Parabéns!

Que belo trabalho! Que belo trabalho! Que belo trabalho! Que belo trabalho!

Parabéns pelo esforço! Parabéns pelo esforço! Parabéns pelo esforço! Parabéns pelo esforço!

Parabéns pelo esforço! Parabéns pelo esforço! Parabéns pelo esforço! Parabéns pelo esforço!

Você é demais! Você é demais! Você é demais! Você é demais!

Você é demais! Você é demais! Você é demais! Você é demais!

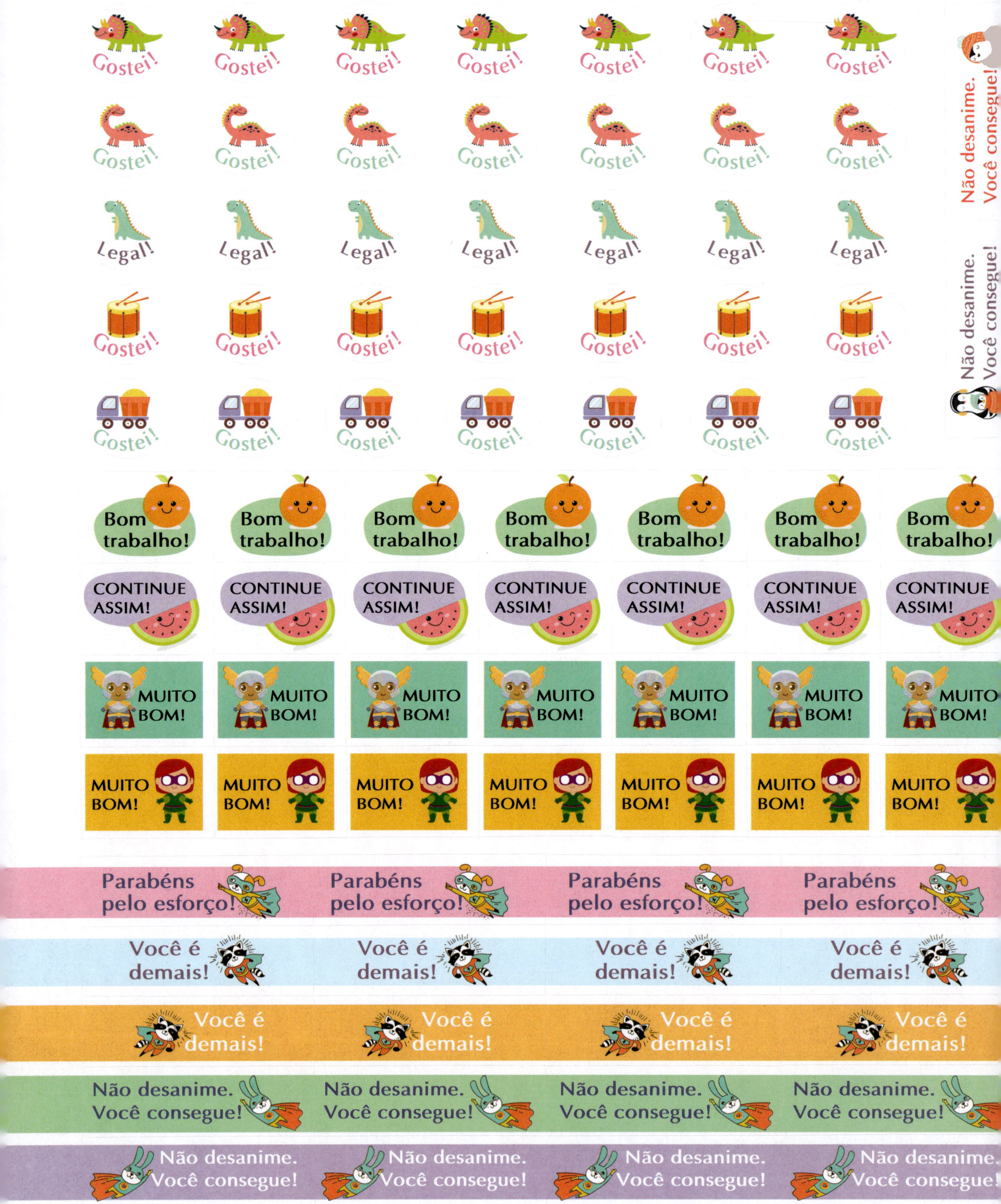
Gostei!
Gostei!
Gostei!
Gostei!
Gostei!
Gostei!
Gostei!
Gostei!
Gostei!
Gostei!
Gostei!
Gostei!
Gostei!
Gostei!
Legal!
Legal!
Legal!
Legal!
Legal!
Legal!
Legal!
Gostei!
Gostei!
Gostei!
Gostei!
Gostei!
Gostei!
Gostei!
Gostei!
Gostei!
Gostei!
Gostei!
Gostei!
Gostei!
Gostei!
Não desanime. Você consegue!
Não desanime. Você consegue!
Bom trabalho!
Bom trabalho!
Bom trabalho!
Bom trabalho!
Bom trabalho!
Bom trabalho!
Bom trabalho!
CONTINUE ASSIM!
CONTINUE ASSIM!
CONTINUE ASSIM!
CONTINUE ASSIM!
CONTINUE ASSIM!
CONTINUE ASSIM!
CONTINUE ASSIM!
MUITO BOM!
MUITO BOM!
MUITO BOM!
MUITO BOM!
MUITO BOM!
MUITO BOM!
MUITO BOM!
MUITO BOM!
MUITO BOM!
MUITO BOM!
MUITO BOM!
MUITO BOM!
MUITO BOM!
MUITO BOM!
Parabéns pelo esforço!
Parabéns pelo esforço!
Parabéns pelo esforço!
Parabéns pelo esforço!
Você é demais!
Você é demais!
Você é demais!
Você é demais!
Você é demais!
Você é demais!
Você é demais!
Você é demais!
Não desanime. Você consegue!
Não desanime. Você consegue!
Não desanime. Você consegue!
Não desanime. Você consegue!
Não desanime. Você consegue!
Não desanime. Você consegue!
Não desanime. Você consegue!
Não desanime. Você consegue!

Gostei! Gostei! Gostei! Gostei! Gostei! Gostei! Gostei!

Gostei! Gostei! Gostei! Gostei! Gostei! Gostei! Gostei!

Legal! Legal! Legal! Legal! Legal! Legal! Legal!

Legal! Legal! Legal! Legal! Legal! Legal! Legal!

Ótimo! Ótimo! Ótimo! Ótimo! Ótimo! Ótimo! Ótimo!

Não desanime. Você consegue!

Não desanime. Você consegue!

Bom trabalho! Bom trabalho! Bom trabalho! Bom trabalho! Bom trabalho! Bom trabalho! Bom trabalho!

Bom trabalho! Bom trabalho! Bom trabalho! Bom trabalho! Bom trabalho! Bom trabalho! Bom trabalho!

CONTINUE ASSIM! CONTINUE ASSIM! CONTINUE ASSIM! CONTINUE ASSIM! CONTINUE ASSIM! CONTINUE ASSIM! CONTINUE ASSIM!

QUE CAPRICHO! QUE CAPRICHO! QUE CAPRICHO! QUE CAPRICHO! QUE CAPRICHO! QUE CAPRICHO! QUE CAPRICHO!

Que belo trabalho! Que belo trabalho! Que belo trabalho! Que belo trabalho!

Parabéns pelo esforço! Parabéns pelo esforço! Parabéns pelo esforço! Parabéns pelo esforço!

Parabéns pelo esforço! Parabéns pelo esforço! Parabéns pelo esforço! Parabéns pelo esforço!

Você é demais! Você é demais! Você é demais! Você é demais!

Você é demais! Você é demais! Você é demais! Você é demais!

Gostei! Gostei! Gostei! Gostei! Gostei! Gostei! Gostei!

Gostei! Gostei! Gostei! Gostei! Gostei! Gostei! Gostei!

Legal! Legal! Legal! Legal! Legal! Legal! Legal!

Gostei! Gostei! Gostei! Gostei! Gostei! Gostei! Gostei!

Gostei! Gostei! Gostei! Gostei! Gostei! Gostei! Gostei!

Não desanime. Você consegue!

Não desanime. Você consegue!

QUE MARAVILHA! QUE MARAVILHA! QUE MARAVILHA! QUE MARAVILHA! QUE MARAVILHA! QUE MARAVILHA! QUE MARAVILHA!

QUE CAPRICHO! QUE CAPRICHO! QUE CAPRICHO! QUE CAPRICHO! QUE CAPRICHO! QUE CAPRICHO! QUE CAPRICHO!

QUE CAPRICHO! QUE CAPRICHO! QUE CAPRICHO! QUE CAPRICHO! QUE CAPRICHO! QUE CAPRICHO! QUE CAPRICHO!

Parabéns! Parabéns! Parabéns! Parabéns! Parabéns! Parabéns! Parabéns!

Que belo trabalho! Que belo trabalho! Que belo trabalho! Que belo trabalho!

Parabéns pelo esforço! Parabéns pelo esforço! Parabéns pelo esforço! Parabéns pelo esforço!

Parabéns pelo esforço! Parabéns pelo esforço! Parabéns pelo esforço! Parabéns pelo esforço!

Você é demais! Você é demais! Você é demais! Você é demais!

Você é demais! Você é demais! Você é demais! Você é demais!

Gostei! Gostei! Gostei! Gostei! Gostei! Gostei! Gostei!

Gostei! Gostei! Gostei! Gostei! Gostei! Gostei! Gostei!

Legal! Legal! Legal! Legal! Legal! Legal! Legal!

Parabéns! Parabéns! Parabéns! Parabéns! Parabéns! Parabéns! Parabéns!

Excelente! Excelente! Excelente! Excelente! Excelente! Excelente! Excelente!

Parabéns pelo esforço!

Que belo trabalho!

MUITO BOM! MUITO BOM! MUITO BOM! MUITO BOM! MUITO BOM! MUITO BOM! MUITO BOM!

MUITO BOM! MUITO BOM! MUITO BOM! MUITO BOM! MUITO BOM! MUITO BOM! MUITO BOM!

Bom trabalho! Bom trabalho! Bom trabalho! Bom trabalho! Bom trabalho! Bom trabalho! Bom trabalho!

Bom trabalho! Bom trabalho! Bom trabalho! Bom trabalho! Bom trabalho! Bom trabalho! Bom trabalho!

Parabéns pelo esforço! Parabéns pelo esforço! Parabéns pelo esforço! Parabéns pelo esforço!

Você é demais! Você é demais! Você é demais! Você é demais!

Você é demais! Você é demais! Você é demais! Você é demais!

Não desanime. Você consegue! Não desanime. Você consegue! Não desanime. Você consegue! Não desanime. Você consegue!

Não desanime. Você consegue! Não desanime. Você consegue! Não desanime. Você consegue! Não desanime. Você consegue!

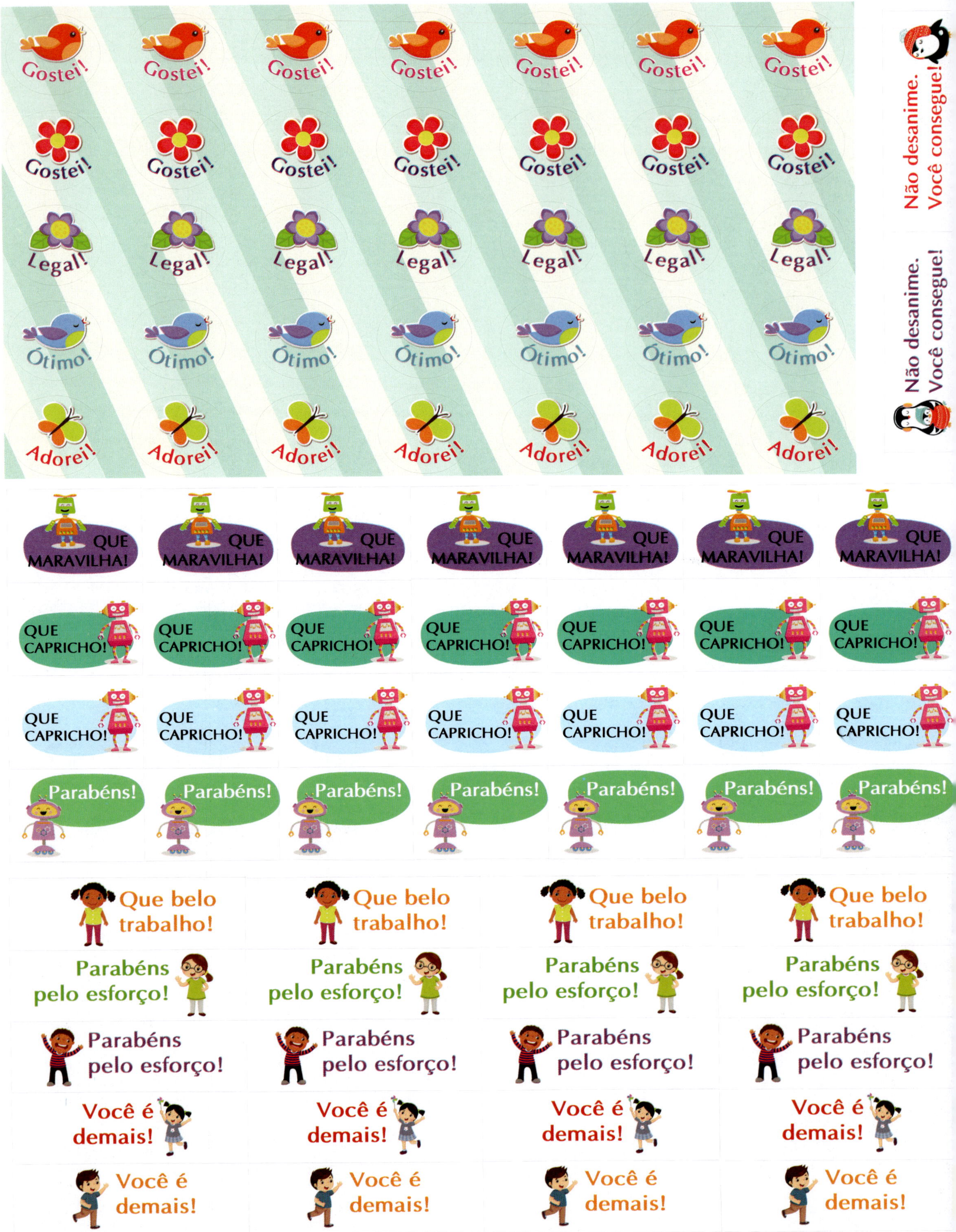

Gostei! Gostei! Gostei! Gostei! Gostei! Gostei! Gostei!
Gostei! Gostei! Gostei! Gostei! Gostei! Gostei! Gostei!
Legal! Legal! Legal! Legal! Legal! Legal! Legal!
Ótimo! Ótimo! Ótimo! Ótimo! Ótimo! Ótimo! Ótimo!
Adorei! Adorei! Adorei! Adorei! Adorei! Adorei! Adorei!
Não desanime. Você consegue!
Não desanime. Você consegue!
QUE MARAVILHA! QUE MARAVILHA! QUE MARAVILHA! QUE MARAVILHA! QUE MARAVILHA! QUE MARAVILHA! QUE MARAVILHA!
QUE CAPRICHO! QUE CAPRICHO! QUE CAPRICHO! QUE CAPRICHO! QUE CAPRICHO! QUE CAPRICHO! QUE CAPRICHO!
QUE CAPRICHO! QUE CAPRICHO! QUE CAPRICHO! QUE CAPRICHO! QUE CAPRICHO! QUE CAPRICHO! QUE CAPRICHO!
Parabéns! Parabéns! Parabéns! Parabéns! Parabéns! Parabéns! Parabéns!
Que belo trabalho! Que belo trabalho! Que belo trabalho! Que belo trabalho!
Parabéns pelo esforço! Parabéns pelo esforço! Parabéns pelo esforço! Parabéns pelo esforço!
Parabéns pelo esforço! Parabéns pelo esforço! Parabéns pelo esforço! Parabéns pelo esforço!
Você é demais! Você é demais! Você é demais! Você é demais!
Você é demais! Você é demais! Você é demais! Você é demais!

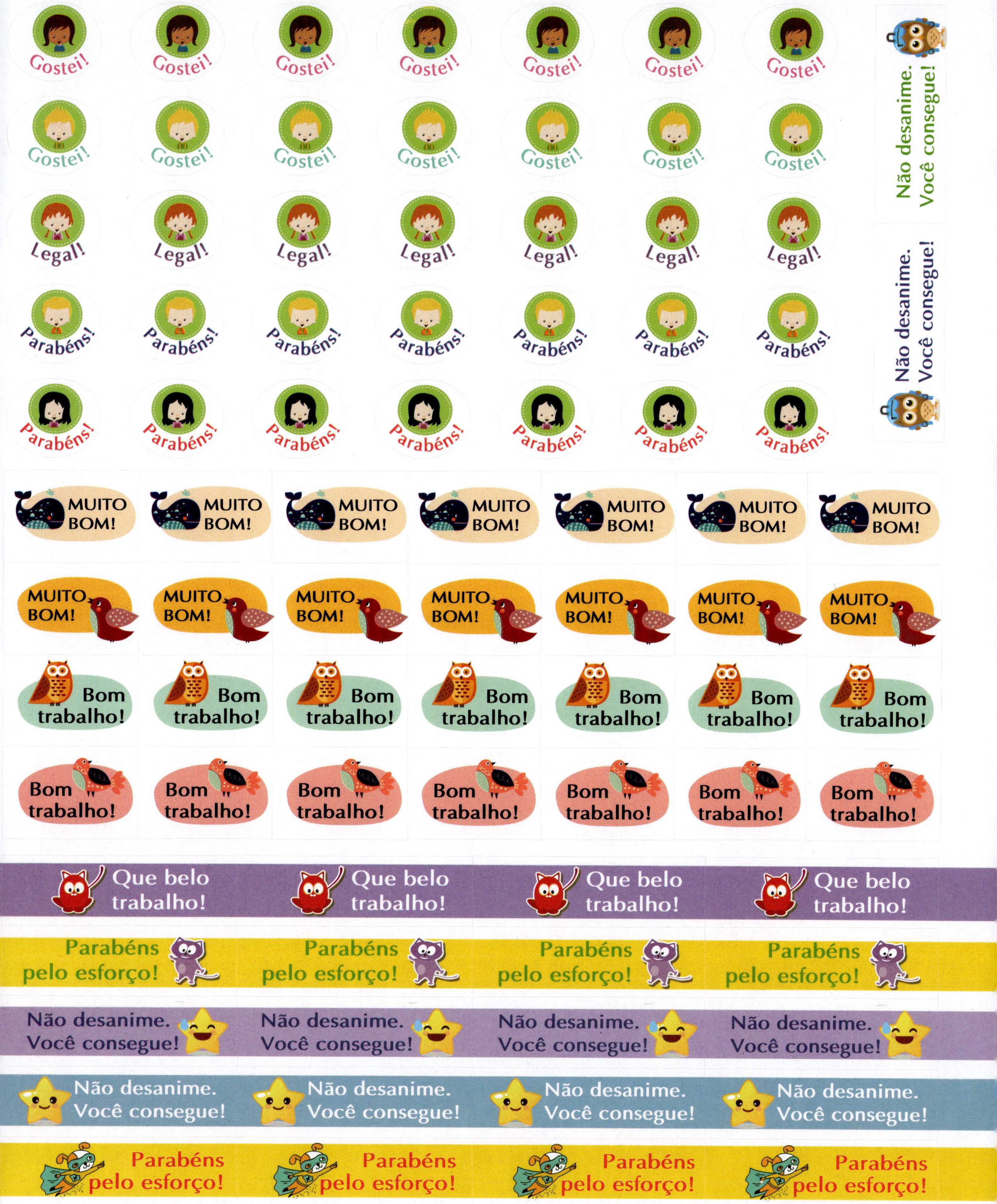
Gostei!
Gostei!
Legal!
Parabéns!
Parabéns!
Não desanime. Você consegue!
Não desanime. Você consegue!
MUITO BOM!
MUITO BOM!
Bom trabalho!
Bom trabalho!
Que belo trabalho!
Parabéns pelo esforço!
Não desanime. Você consegue!
Não desanime. Você consegue!
Parabéns pelo esforço!